Mein Spiel- und Spaßbuch
Laute lernen

LAUTE

Prescolaris

Impressum

Projektleitung: Denise Spindelndreier
Aufgaben von Birgit Roggenkamp und Waltraud Grill
Illustrationen von Ines Markowski
Lektorat und Umsetzung: Verlagsservice4kids, Ravensburg
Layoutentwurf, Satz und Bildbearbeitung: art und weise, Freiburg
Schlusskorrektur: Cordula Speer
Grafische Beratung: Jo Pelle Küker-Bünermann
Einbandgestaltung: INIT, Büro für Gestaltung, Bielefeld
Herstellung: Marcel Hellmund, Michael Schack

Abbildungsnachweis Cover: vorne: gr. Bild: Picture Press, Hamburg/ELTERN/Seckinger
o.: shutterstock.com/Clarke u.: shutterstock.com/Davison; hinten: o.: shutterstock.com/
Davison u.: shutterstock.com/Clarke

© 2008 Wissen Media Verlag GmbH, Gütersloh/München
Alle Rechte vorbehalten – Printed in China
ISBN 978-3-577-09212-8

Pit packt seinen Seesack

● Morgen soll das Piratenschiff „Schwarzer Schwertfisch" in See stechen.
Pirat Pit will auch an Bord. In seinen Seesack kommt aber nur, was sich reimt.
Hilf Pit beim Packen und verbinde die Dinge, die sich reimen.

● Eine Sache bleibt daheim.
Findest du dazu ein Wort,
das sich reimt? Zeichne es ein.

Reisefieber

● Pit ist wegen der bevorstehenden Fahrt ganz aufgeregt und träumt in dieser Nacht wirres Zeug. Die meisten Dinge, von denen er träumt, beginnen mit einem P. Male diese aus.

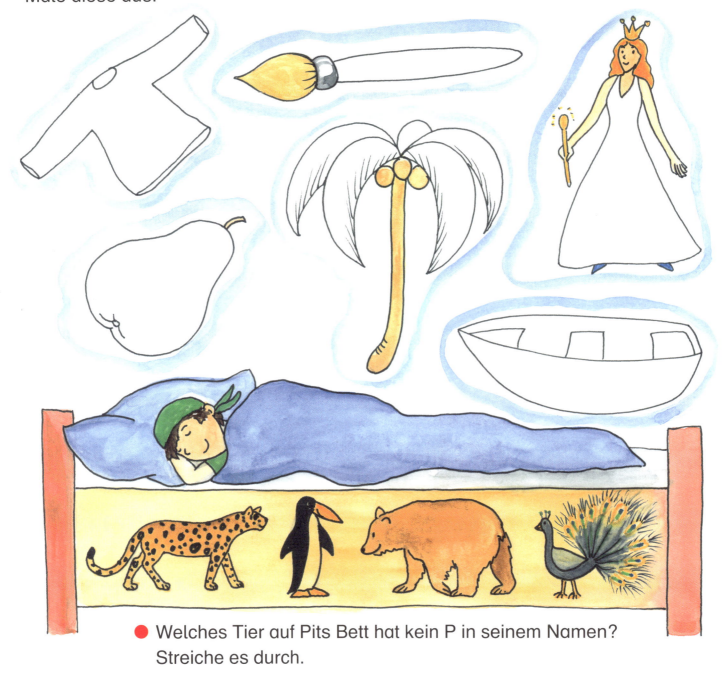

● Welches Tier auf Pits Bett hat kein P in seinem Namen? Streiche es durch.

● Setze die Reihe mit den P fort.

Frieda muss mit!

- Heute läuft das Piratenschiff aus. Pit holt Frieda ab, denn auch sie gehört zur Mannschaft des „Schwarzen Schwertfischs". Frieda muss noch ihren Koffer packen. Sie nimmt nur Dinge mit, die mit einem S beginnen.
Male alle Dinge aus, die mit einem S beginnen.

- Welches Wort passt zum Buchstaben? Verbinde sie miteinander.

- Schreibe das S und vervollständige die Reihe.

Endlich an Bord!

● Endlich sind Pit und Frieda an Bord des „Schwarzen Schwertfischs". Zur Begrüßung möchte der Kapitän den Piraten etwas schenken, dessen Name mit einem Sch beginnt. Welche Dinge kann der Kapitän als Geschenk gebrauchen? Kreise sie ein.

● Oje, der Kapitän hat nicht genügend Geschenke. Kannst du noch etwas einzeichnen, das ein Sch in seinem Namen hat?

Piraten brauchen Proviant

- Der Koch hat Proviant besorgt. Frieda bringt ihm auch noch einige Lebensmittel. Welche beginnen mit einem Z? Kreise sie ein.

- Male das große Z farbig aus.

- Schreibe lauter Z auf die Zeile.

Volle Fahrt voraus!

● Das Piratenschiff ist auf hoher See. Einige Piraten lehnen an der Reling und beobachten die See. Welche Dinge mit W können die Piraten sehen? Kreise sie ein.

● Male das große W aus.

● Schreibe eine Reihe mit W.

Blinder Passagier an Bord!

- Pit hat einen Igel an Bord entdeckt. Er findet noch andere blinde Passagiere. Male alle aus, in deren Namen du ein I hören kannst.

- Welches Bild passt zu dem Buchstaben? Kreise es ein.

- Schreibe eine ganze Zeile mit dem Buchstaben I.

Auf der Insel!

- Die Piraten ankern vor einer Insel. Frieda hat für Pit ein Rätsel am Sandstrand vorbereitet. Hilf Pit und verbinde die Dinge mit dem Buchstaben, mit dem sie jeweils beginnen.

- Welcher Buchstabe bleibt übrig? Male ihn auf der Flagge aus.

T K M B Z S

- Fülle die Reihe mit lauter B.

Auf Schatzsuche

- Der Kapitän gibt den Befehl zur Schatzsuche. Auf der Schatzinsel brauchen die Piraten nur Dinge, die mit K anfangen. Male an, was die Piraten aus ihrem Ruderboot mitnehmen.

- Welches Bild passt zum Buchstaben? Kreise es ein.

- Schreibe lauter K in die Zeile.

Die Schatzkarte

- Pit hat eine Schatzkarte. Den richtigen Weg zum Schatz findet er, wenn er den Wörtern folgt, die mit einem N beginnen. Hilf ihm und zeichne den richtigen Weg ein.

- Welches Bild passt zu dem Buchstaben? Verbinde richtig.

 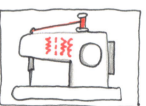

- Schreibe eine ganze Zeile mit dem Buchstaben N.

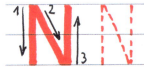

Der Schatz

● Pit hat einen Schatz gefunden. Er darf sich die zwei Dinge nehmen, die in der Mitte gleich klingen. Kreise sie ein.

● Welches Bild passt zum Buchstaben? Male es aus.

● Setze die Reihe mit dem U fort.

Das Versteck

- Pit möchte seinen Schatz in einer Höhle verstecken. Damit er wieder zum Strand zurückfindet, legt er verschiedene Dinge auf seinen Weg. Male alle Sachen aus, in denen du ein F hören kannst.

- Eines der Dinge unten hat kein F in seinem Namen. Streiche es durch.

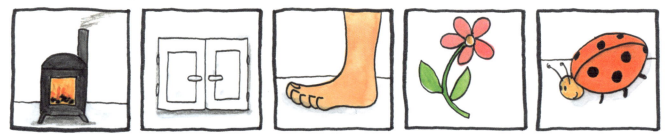

- Schreibe eine ganze Zeile mit F.

Frieda sucht Paare

- Heute möchte Frieda immer zwei Dinge verbinden, die den gleichen Laut am Ende haben. Hilf ihr dabei. Sprich die Namen der Sachen laut aus.

- Schneide die Bilder am Rand aus und lege die Dinge zusammen, die den gleichen Laut am Ende haben.
- Auf welchen Buchstaben endet der Name Frieda? Male ihn aus.

Langeweile an Bord

● Pit und Frieda langweilen sich. Sie zeichnen Tiere auf das Schiffsdeck. Sage die Namen der Tiere laut.

● Male die Tiere an, die mit einem H beginnen.

● Setze die Reihe fort.

Heute ist Angeltag!

- Pit und Frieda sitzen an der Reling und angeln. Welche Dinge angeln sie?
- Verbinde die Dinge mit dem jeweiligen Anfangsbuchstaben.

- Welches Bild passt zu dem Buchstaben? Male es aus.

Lars räumt auf

● Was für eine Unordnung an Deck! Lars entscheidet, dass alle Gegenstände aufgeräumt werden müssen, in denen ein E vorkommt. Male diese an.

● Ein Gegenstand bleibt an Deck. Welcher?

● Vervollständige die Reihe mit den E.

Unruhige See

- Es ist unruhige See, und das Piratenschiff schaukelt gehörig. An Bord herrscht großes Durcheinander. Einige Sachen sind über Bord gegangen. Frieda holt die Sachen mit der Angel zurück, aber nur die, die im Namen ein Pf haben. Sprich die Namen der Sachen laut aus.

- Male die Dinge aus, die Frieda an Bord holt.

- Setze die Reihe fort.

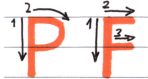

Kranke Piraten

- Den Piraten ist übel. „Ihr habt euch wohl den Magen verdorben", meint der Schiffsarzt. „Heute gibt es nur gesunde M-Lebensmittel!"
Kreise ein, was die Piraten essen sollen.

- Welches Gemüse hat ein M in seinem Namen? Male es aus.

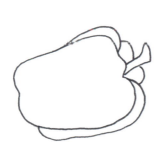 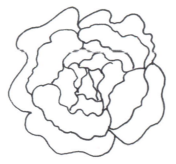  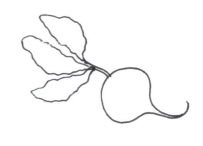

- Setze die Reihe mit M fort.

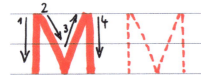

Das Piratenlied

● Pit und Frieda suchen Reimwörter für ein Piratenlied.
Sage die Namen der Dinge laut.

● Verbinde die Sachen, die sich reimen, und male sie aus.

So viele O!

- Der Kapitän hat sich ein Spiel für die Mannschaft ausgedacht. Jeder soll ein Wort finden, in dessen Mitte man ein O hören kann. Ein Pirat liegt falsch. Welcher? Kreise ihn ein.

- Male die richtigen Dinge aus.

- Schreibe eine ganze Reihe mit O.

Im Ausguck!

- Pit ist heute im Ausguck. Manche Wolken sehen wie Dinge aus. Entdeckst du sie auch?
- Verbinde die Wolken-Dinge, die sich reimen, und male sie aus.

- Eine Wolke bleibt übrig. Findest du etwas, das sich damit reimt? Zeichne es ein.

Der Sturm

● Oje, ein Sturm zieht herauf. Die Piraten können nur noch alle Dinge unter Bord bringen, die mit St beginnen. Kreise ein, was die Piraten vor dem Sturm retten können.

● Welches der Dinge unten hat kein St in seinem Namen? Male es aus.

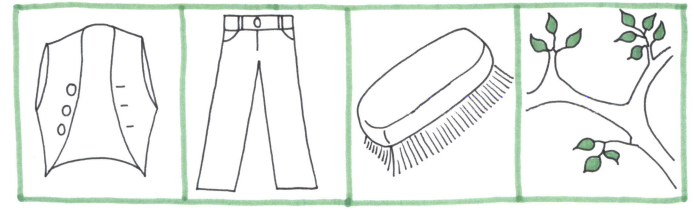

● Setze die Reihe fort.

Das zerrissene Segel

- Der Sturm hat ein Loch in das Großsegel gerissen. Der Segelmacher möchte es mit Dingen flicken, die mit einem D beginnen oder in denen ein D zu hören ist. Welche Dinge verwendet er? Kreise sie ein.

- Welches Bild passt zu dem Buchstaben? Male es aus.

- Schreibe eine ganze Reihe mit dem Buchstaben D.

In Seenot

- Oje – der „Schwarze Schwertfisch" hat ein Leck. Die Piraten möchten mit Dingen, die mit einem S oder O beginnen, um Hilfe winken. Kreise diese ein.

- Weißt du, was der Steuermann mit seinem Pfeifenrauch in die Luft schreibt? Male die Rauchwolken aus.

- Setze die Reihe mit dem SOS fort.

Das Piraten-Kartenspiel

● Pit und Frieda spielen das Piraten-Kartenspiel. Dabei gehören immer zwei Dinge zusammen, bei denen der letzte Laut gleich klingt. Findest du die richtigen Paare? Male sie aus und verbinde sie.

● Eine Karte bleibt übrig. Zeichne auf der freien Karte ein passendes Wort ein.

Heute wird geentert!

- Der Piratenkapitän plant für heute einen Überfall. Die Piraten suchen alles zusammen, was sie für den Überfall brauchen. Verbinde die Dinge, die mit demselben Laut beginnen.

- Ein Gegenstand bleibt übrig. Mit welchem Laut beginnt er? Male den richtigen Buchstaben farbig aus.

- Schreibe eine ganze Reihe mit J.

Der Beutezug

- Die Piraten haben ein Frachtschiff geentert. Allerdings finden sie keine Juwelen und Edelsteine an Bord. Sie nehmen zumindest die Sachen mit, die mit einem G beginnen. Male aus, was sie als Beute mitnehmen.

- Welches Bild passt zu dem Buchstaben? Kreise es ein.

- Schreibe eine ganze Reihe mit dem Buchstaben G.

Auf dem Markt

● Die Piraten möchten auf dem Markt einen Teil ihrer Beute verkaufen. Sie verkaufen alles, was mit einem C beginnt. Male aus, was die Piraten verkaufen.

● Male das große C farbig aus.

● Schreibe eine Reihe mit dem Buchstaben C.

Dreimal schwarzer Kater

- Der Kapitän des „Schwarzen Schwertfischs" ist recht abergläubisch. Deshalb macht er bei seinem Landgang auch einen großen Bogen um die schwarze Katze. Das Kätzchen findet er allerdings ganz niedlich. Daneben entdeckt er etwas, das sich darauf reimt. Findest du es auch? Kreise es ein.

- Zwei weitere Dinge reimen sich. Verbinde sie miteinander. Welchen Laut hörst du in der Mitte dieser Wörter?

- Setze die Reihe fort.

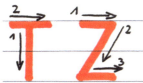

In der Hafenkneipe

- Der Kapitän des „Schwarzen Schwertfischs" trifft sich heute mit anderen Kapitänen in der Hafenkneipe. Er bestellt für alle Ravioli. Welche anderen Dinge beginnen mit einem R? Kreise sie ein.

- Male das große R aus.

- Setze die Reihe mit R fort.

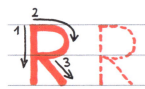

Diebe an Bord!

- Als der „Schwarze Schwertfisch" im Hafen liegt, stiehlt ein Dieb einige Sachen. Pit und Frieda finden aber sein Versteck im Hafen. Sie nehmen alle Dinge, die mit einem T beginnen, wieder zurück an Bord. Kreise sie ein.

- Male das große T farbig aus.

- Schreibe eine Zeile mit T voll.

Heute gibt es einen Piraten-Eintopf

● Der Koch bereitet für die Piraten einen Eintopf zu. Er nimmt dazu nur Zutaten, bei denen du kein A hören kannst. Streiche die Zutaten durch, die nicht in den Eintopf kommen.

● Male das große A farbig aus.

● Setze die Reihe mit dem Buchstaben A fort.

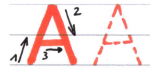

Ausgesetzt!

● Die Piraten haben den Koch auf einer einsamen Insel ausgesetzt. Ihnen hat der letzte Piraten-Eintopf nicht geschmeckt. Sie wollen den Koch erst auf der Rückfahrt wieder mitnehmen. Bis dahin vertreibt er sich die Zeit mit einem Kartenspiel. Er muss die beiden Karten zusammenlegen, bei denen sich die Wörter reimen. Hilf dem Koch und verbinde die richtigen Karten miteinander.

● Eine Karte hat der Koch schon verloren. Zeichne ihm eine passende ein.

Das Seeungeheuer

- „Ein Seeungeheuer!", ruft der Steuermann aufgeregt. Doch Pit kann ihn beruhigen. Im Wasser schwimmt nur ein riesiger Tintenfisch. In seinen vielen Armen haben sich einige Dinge verfangen. Pit angelt die Sachen heraus, in denen du ein X hören kannst. Verbinde sie mit seiner Angel.

- Welches Bild passt zu dem Buchstaben? Verbinde.

- Schreibe eine ganze Zeile mit dem Buchstaben X.

Pits Spiel

- Pit ist es mal wieder langweilig, und so macht er ein Spiel mit Frieda. Sie soll die Dinge auf den Karten ausmalen, in denen ein Y vorkommt. Hilfst du ihr dabei? Male die richtigen Karten aus.

- Male das große Y farbig aus.

- Schreibe eine Reihe mit dem Buchstaben Y.

Im Urwald

- Der „Schwarze Schwertfisch" ankert vor einer Insel, die mit dichtem Urwald bewachsen ist. Pit und Frieda entdecken dort viele Tiere. Male alle aus, in deren Namen du ein L hören kannst.

- Welches der Tiere unten hat kein L in seinem Namen? Streiche es durch.

- Setze die Reihe mit den L fort.

Der Hüttenbau

- Pit und Frieda bauen auf ihrer Lieblingsinsel eine Hütte. Die Dinge auf den Bausteinen reimen sich. Jeweils zwei Bausteine gehören zusammen. Hilf den beiden und male die Dinge auf den Bausteinen am Rand aus.

- Schneide die Bausteine am Rand aus und lege sie zum richtigen Baustein der Hütte.

- Ein Baustein fehlt. Zeichne ein Ding ein, das sich mit dem zweiten Bild reimt.

Pfui, Qualle!

● Pit badet heute im Meer. Igitt! Da sind viele Quallen. Kreise alle Quallen ein.

● Schreibe lauter Q in die Zeile.

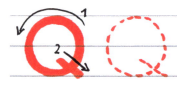

Die Flaschenpost

● Pit findet eine Flaschenpost. Auf dem Zettel sind aber nur Bilder. Hilf Pit, die Flaschenpost zu entziffern. Schreibe die Buchstaben, mit denen die Dinge beginnen, in den Kasten darunter.

● Lass dir das Lösungswort vorlesen und male ein Bild dazu.

● Pit malt nun eigene Bilder zu seiner Flaschenpost, aber nur drei Bilder beginnen mit den drei Buchstaben von oben. Verbinde sie mit den Buchstaben.

Die Meuterei

● Die Piraten meutern. Sie wollen nur die Dinge aufräumen, die mit Sp beginnen. Kreise ein, was der Kapitän selbst wegräumen muss.

● Welches der Dinge unten fängt mit einem Sp an? Male es aus.

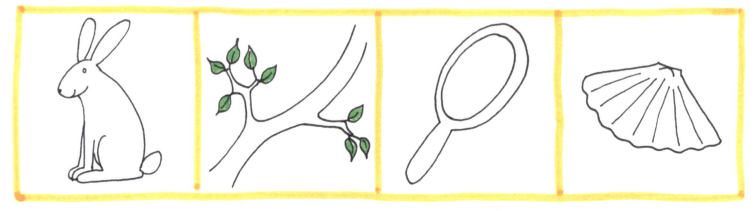

● Setze die Reihe fort.

Pits Traum

● Pit macht gerade ein Mittagsschläfchen in seiner Hängematte. Er träumt von vielen Dingen. Male alle aus, die mit einem V beginnen.

● Male das große V aus.

● Setze die Reihe fort.

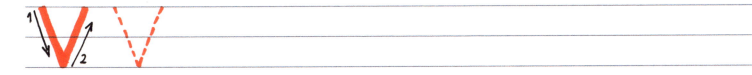

Käpt'n Krummsäbel

- Der „Schwarze Schwertfisch" trifft auf das Schiff von Käpt'n Krummsäbel. Wie sein Schiff heißt, verraten dir die Dinge, die auf der Schiffswand aufgezeichnet sind. Schreibe jeweils den Anfangsbuchstaben in das Bullauge.

- Lass dir den Namen vorlesen und male ein passendes Bild auf das Segel.

- Welche anderen Dinge hätte Käpt'n Krummsäbel aufzeichnen können? Verbinde die richtigen Bilder mit den Buchstaben in den Bullaugen.

Wieder daheim!

● Nach langer Fahrt ankert der „Schwarze Schwertfisch" wieder im heimischen Hafen. Pit hat seinen Freunden Dinge mitgebracht, die sich reimen. Sie sind aber durcheinandergeraten. Hilf ihm und verbinde die richtigen Dinge miteinander.

● Für einen Freund fehlt ihm noch eine Sache, die sich reimt. Zeichne sie ein.

Lösungen

- Seite 3, Aufgabe 1: Es reimen sich Buch und Tuch, Stock und Block, Kamm und Schwamm.
  Aufgabe 2: Ein mögliches Reimwort zu Knopf ist Topf.

- Seite 4, Aufgabe 1: Auszumalen sind der Pullover, der Pinsel, die Prinzessin und die Palme.
  Aufgabe 2: Der Bär hat kein P in seinem Namen.

- Seite 5, Aufgabe 1: Auszumalen sind die Socken, der Salat und der Säbel.
  Aufgabe 2: Die Seife passt zum Buchstaben S.

- Seite 6, Aufgabe 1: Einzukreisen sind der Schal, die Schere, der Schlüssel und der Schirm.

- Seite 7, Aufgabe 1: Richtig sind die Zucchini, die Zwiebeln und die Zitronen.

- Seite 8, Aufgabe 1: Einzukreisen sind der Wal, der Wurm und der Würfel.

- Seite 9, Aufgabe 1: Auszumalen sind der Igel, der Fisch, der Biber und der Pinguin.
  Aufgabe 2: Die Insel passt zum Buchstaben I.

- Seite 10, Aufgabe 1: T gehört zu Topf, K zu Kompass, M zu Muschel, Z zu Zange und S zu Seil.
  Aufgabe 2: Der Buchstabe B bleibt übrig.

- Seite 11, Aufgabe 1: Richtig sind der Kompass, die Kiste, die Karte und die Kerze.
  Aufgabe 2: Die Katze passt zum Buchstaben K.

- Seite 12, Aufgabe 1: Der Weg führt vom Nashorn weiter zum Narren und zur Note bis hin zur Nase und der Nuss.
  Aufgabe 2: Die Nähmaschine passt zum Buchstaben N.

- Seite 13, Aufgabe 1: Stuhl und Buch haben in der Mitte den gleichen Laut U.
  Aufgabe 2: Die Uhr passt zum Buchstaben U.

- Seite 14, Aufgabe 1: Auszumalen sind die Flagge, die Flasche, der Koffer und der Stiefel.
  Aufgabe 2: Durchzustreichen ist die Blume.

- Seite 15, Aufgabe 2: Den gleichen Laut am Ende haben Iglu und Kanu, Fackel und Apfel, Buch und Dach, Topf und Zopf.
  Aufgabe 3: Der Name Frieda endet auf den Buchstaben A.

- Seite 16, Aufgabe 2: Anzumalen sind der Hund, der Hai und der Hase.

- Seite 17, Aufgabe 2: Zu P gehört der Pullover, zu B die Blume und der Ball, zu G die Gabel und die Gitarre, zu K der Koffer und der Krebs.

Aufgabe 3: Das Telefon passt zum Buchstaben T.

- Seite 18, Aufgabe 1: Anzumalen sind die Kerze, die Kette, der Besen, die Decke und der Säbel.
  Aufgabe 2: Der Kompass bleibt an Deck.

- Seite 19, Aufgabe 2: Frieda holt die Pfeife, den Apfel, die Pfanne und den Topf zurück an Bord.

- Seite 20, Aufgabe 1: Einzukreisen sind die Melone, die Milch, die Mandarine und der Mais.
  Aufgabe 2: Richtig ist die Tomate.

- Seite 21, Aufgabe 2: Es reimen sich Haus und Maus, Hose und Rose, Hase und Vase.

- Seite 22, Aufgabe 2: Richtig sind das Tor, das Brot, das Boot und der Rock. Falsch ist der Hut.

- Seite 23, Aufgabe 2: Es reimen sich Tonne und Sonne, Hund und Mund, Maus und Haus.
  Aufgabe 3: Ein mögliches Reimwort zu Turm ist Wurm.

- Seite 24, Aufgabe 1: Die Piraten retten den Stuhl, die Stiefel und den Stock.
  Aufgabe 2: Auszumalen ist die Hose.

- Seite 25, Aufgabe 1: Einzukreisen sind die Nadel, der Dolch und der Faden.
  Aufgabe 2: Der Drache passt zum Buchstaben D.

- Seite 26, Aufgabe 1: Die Piraten können mit dem Osterei, der Säge und dem Sieb winken.
  Aufgabe 2: Der Steuermann schreibt den Hilferuf SOS in die Luft.

- Seite 27, Aufgabe 1: Zusammen gehören Zaun und Stern, Hund und Hand, Baum und Turm, Ring und Schmetterling.
  Aufgabe 2: Es bleibt die Pfanne übrig. Mit dem Laut E endet zum Beispiel Tonne oder Sonne.

- Seite 28, Aufgabe 1: Mit dem gleichen Laut beginnen Kanone und Kompass, Seil und Säbel, Laterne und Leiter.
  Aufgabe 2: Es bleibt die Jacke übrig. Das J ist daher auszumalen.

- Seite 29, Aufgabe 1: Die Piraten nehmen die Gabel, die Glocke und das Geschenk als Beute mit.
  Aufgabe 2: Die Gans passt zum Buchstaben G.

- Seite 30, Aufgabe 1: Die Piraten verkaufen die Couch, das Clownskostüm und den Christbaum.

- Seite 31, Aufgabe 1: Auf Kätzchen reimt sich Lätzchen.
  Aufgabe 2: Es reimen sich noch Pfütze und Mütze. In der Mitte ist ein tz zu hören.

- Seite 32, Aufgabe 1: Einzukreisen sind das Radio, der Regenschirm, die Ratte, der Rabe und der Ring.

- Seite 33, Aufgabe 1: Pit und Frieda nehmen die Tasche, den Topf, die Tasse, den Teller und den Teppich wieder mit an Bord.

- Seite 34, Aufgabe 1: Nicht in den Piraten-Eintopf gehören die Kartoffeln, die Ananas und der Apfel.

- Seite 35, Aufgabe 1: Es reimen sich Pfeife und Schleife, Zahn und Schwan, Schwein und Bein.
  Aufgabe 2: Ein mögliches Reimwort zu Seil ist Pfeil.

- Seite 36, Aufgabe 1: Pit angelt ein Xylophon, eine Axt und Boxhandschuhe.
  Aufgabe 2: Die Hexe mit den X-Beinen passt zum Buchstaben X.

- Seite 37, Aufgabe 1: Auszumalen sind die Hyäne, die Pyramide und das Yak.

- Seite 38, Aufgabe 1: Auszumalen sind die Schlange, der Elefant, das Krokodil, der Leopard und der Löwe.
  Aufgabe 2: Durchzustreichen ist die Katze.

- Seite 39, Aufgabe 2: Es reimen sich Hase und Vase, Schuh und Kuh, Rose und Hose.
  Aufgabe 3: Ein mögliches Reimwort zu Fisch ist Tisch.

- Seite 41, Aufgabe 1: Das richtige Lösungswort lautet HUT.
  Aufgabe 3: Richtig sind das Haus, die Uhr und der Topf.

- Seite 42, Aufgabe 1: Der Kapitän muss die Kerze, die Flasche und den Schuh selbst wegräumen.
  Aufgabe 2: Richtig ist der Spiegel.

- Seite 43, Aufgabe 1: Auszumalen sind der Vorhang, das Viereck und der Vogel.

- Seite 44, Aufgabe 1: Das Schiff heißt WAL.
  Aufgabe 3: Richtig sind die Wolle, die Ananas und die Leiter.

- Seite 45, Aufgabe 1: Es reimen sich Schlange und Zange, Marmelade und Schokolade, Krone und Zitrone.
  Aufgabe 2: Ein mögliches Reimwort zu Flasche ist Tasche.